すてきな対話法 M《エム》M《エム》

みんなで学ぶ、みんなに学ぶ

高木善之
yoshiyuki takagi

『地球村』出版

まえがき

ＭＭは、「みんなで学ぶ、みんなに学ぶ」という意味で、私が三十年以上前に発見した考え方、対話法です。

人は、知らず知らずのうちに、囚われたり、思い込んだり、勘違いをしています。

自分で考えたつもりでも、人の意見を信じ込んで、流されたり、「自分にはできない」と思い込んで、あきらめたりしているものです。

これは、とてももったいないことです。

サイドブレーキを引いたまま走っている自動車のようなものです。

ＭＭは、そういった囚われや壁を取り払うことができます。

一人でもできますし、何人でもできます。

そして十人くらいでやれば一番効果的で、一人の気づきが相乗作用となって、みんなに気づきが生まれます。

悩みの解決や囚われをはずすこと、自分の頭でものを考えることなど、多くのことにとても役に立ちます。

この本は速読せず、ゆっくりと繰り返して読んでください。

きっと、あなたは元気になるでしょう。


ＭＭは『地球村』の大きな特長であり、以前から（早くまとめなければ）と思っていました。

今年は『地球村』出版の創立十周年を迎えましたので、その記念として、ついに書き下ろすことができました。

どうぞ、ご愛読のほどお願いいたします。

高木　善之

もくじ

●MMとは

この言葉には三十年以上の歴史があり、だんだんと変わってきました。
初めは「ミッドナイト・ミーティング」「メンバーズ・ミーティング」
さらに、「みんなのミーティング」に。
そしていまは、「みんなで学ぶ」「みんなに学ぶ」です。
これが一番しっくりしますし、わかりやすいと思います。

★MMの効果

自分一人で考える時、堂々めぐりや思考停止にならなくなります。
二人で話している時、意見が違っていても言い争いにならなくなります。
三人以上で話している時、脱線や混乱せず、話がまとまるようになります。
一人でも二人でも何人でも、必ず大きな気づきや学びがあることです。
MMが身に付けば、コミュニケーションがうまくいくようになり、ミーティングや会議もうまく進行できるようになります。

★いつでも、どこでも、誰とでも

MMは、いつでも、どこでも、誰とでも、できます。
あまり時間がなくても大丈夫です。
なにしろふつうの会話ですから、特に準備もルールの説明もいりません。
とても簡単なのです。それなのに大きな効果があるのです。

★普通の会話とどう違うの？

ほとんど違いはありませんが、ただ一つだけ、心がけることがあります。
それは、「みんなで学ぼう」と意識することです。
MMの意味は、「みんなで学ぶ」「みんなに学ぶ」です。
ここは覚えておいてください。

●MMをやってみよう

その1　自然の中のもの

一人でも二人でも何人でもかまいません。

目安として十人前後が一番いいと思います。

進行役的な人は必要ですから、あなたが進行役のイメージで読んでください。

★スタート

まず、みんなに次のように説明します。

「では、MMをやってみましょう。

MMとは『みんなで学ぶ、みんなに学ぶ』ということだけで、特別なルールはありません。それなのに、とても多くの気づきや学びがあって面白いです。

ただ一つ、『みんなで学ぶんだ』ということだけ意識しておいてくださいね」

★テーマ

「テーマはなんでもかまいませんが、はじめは主義主張にならないテーマがいいと思います。例えば、石、空気、水、草などで始めてみましょうか。

最初は『石』でやってみましょう。

では、石について、思い浮かぶことを何でも言ってみましょう」

すぐには意見が出なくても、かまいません。

意見が出るまで笑顔でゆったりしたと待ちましょう。

一例として、書いてみます。

様子がわからないなりに、意見が出始めます。

「かたい」「重い」「重いとは限らないよ。軽石もあるよ」

「割れる」「割れない石もあるよ」「いや、強くたたけば割れるはず」

「小さい石も大きい石もある」「それは岩と違うの?」

これでいいのです。

そのうちに展開が始まります。


「石は削られて砂になるけれど、長い年月で堆積して、また白になる」

「『君が代』の歌詞で、♪さざれ石の巌（いわお）となりて♪というのがあるね」

「巌（いわお）って岩だから、岩はまた石になり砂になり・・・

あ！　石も循環するんだなあ！」

「石はどこにでもあるから、昔から石器、道具、武器に使われてきた」

「いまでも漬物石、墓石、建物の土台など、あちこちで使われている」

「人間の最初の文明は石器文明だったっけ」

「石がなかったら文明は生まれなかったのかも」

「人間はずいぶん石にお世話になったんだね！」


わずか数分で、気づきが次々と見つかります。

★感想出し

全体の様子を見て、適当なところで、

「意見は尽きていませんが、気づいたことや感想を話し合いましょう。

どなたからでも、どうぞ」　笑顔でゆったりと待ちます。


「石も循環するんだね」「数千万年という長い時間だね。石の寿命は永遠かも」

「石には、昔から世話になっているんだね」

「石がなかったら人類は文明を作れなかったかもしれない」

「何からでも学べるんだと気づいたよ」

などなど、気づきがいっぱい出てきます。

ここで注意することは、一つの結論を導かないことです。

気づきは人さまざまであり、その違いが大切なのです。

「いろいろ出ましたね。面白かったですね。

それぞれの気づきを大切にしてください」

にとどめ、自由に発言したことにエールを送ることです。

★テーマを変える

次のテーマに移ります。

会話にはテンポやリズムが大切ですから、一つのテーマで長く引っ張らない方がいいです。

「では、次のテーマは『土』にしましょう」

笑顔でゆったりと意見が出始めるのを待ちます。

「石と砂と土ってどう違う?」「粒の大きさ、小ささだろう」

「何ミリやねん」「知らん」……これでいいのです。

「微生物がいないと土とは言わないらしいよ」

「微生物? どういうこと?」

知識のある人が説明を始めてもかまいません。

「土には微生物がたくさんいるんだよ。ゾウリムシのように大きいもの(0.1ミリ)もいれば、カビや細菌のようにミクロン単位のものもいるよ。豊かな土壌には1グラムの土の中に数十億の微生物がいるんだよ。微生物が少ないと貧しい土壌、もっと少ない半砂漠は植林は可能だけど、もっと少ない真砂漠は植林も無理なんだ」

「土の品質は微生物の数で決まるのかあ！」

★交通整理

専門的な話になると沈黙になりがちなので、進行役は交通整理が必要です。

「○○さん、説明ありがとう。すごい話だね。では、感想をどうぞ」


「たかが土と思っていたけど、何十億の微生物がいるって聞いてびっくり！」

「土が生き物のように思えてきた」

「紙の上に置いておいたら動き出しそう！」

「日本は長く農耕民族だったから、土壌が恵まれているのかな」

「でも最近は農薬を使ったり、酸性雨が降ったり、よくないことばかりだね」

「農業には雨も大事だよ」

「日本は四季があるから豊かな文化が生まれたんだ」

「中国からの黄砂は困るけれど、中国からの偏西風はないと困るんだ」

★テーマを変える

進行役は場をよく見ておいて、意見が尽きる前に、

「では、テーマを変えようか。

次は『草』についてMMをしてみよう。

気づいたこと、思い浮かんだこと、なんでもどうぞ」


「雑草」「野草」「山菜」「薬草」「毒草」「野菜」「植物」「大小」「林」「森」


はじめは、こんな感じで単語が並びますが、それでいいのです。

交通整理をしなくても、だんだんイメージが膨らんできます。


「草も雑草も山菜も、薬草も毒草も、みんな植物だあ！」

「植物はすべて土が作っているんだあ！」

「草食動物は草がないと生きられない」

「肉食動物は草食動物がいないと生きられない」
「人間も植物と動物がいないと生きられない」
「肉も、元はと言えば草なんだ」「植物は土から来てるんだ」
「排泄物は土に還るし、死んでも土に還るんだね」
「ということは、すべての元は土なんだね」
「土、植物、動物は循環しているんだ」

★感想出し

進行役は適当なところで
「話は尽きませんが、気づきや感想出しをしましょう。
どなたからでも、どうぞ」笑顔でゆったりと待ちます。

「植物は動物のルーツなんだなあ」「植物のルーツは土なんだなあ」
「いや、植物も動物も土に還るから、ルーツというより循環だね」
「形が変わるだけで、元素は同じだから原料は同じだね」

「同じ原料で形が変わるなら、粘土細工みたいなものだね」

「形が違うだけ」「循環ってそういうことだね」

「石、土、草は、みんなつながっているね」

「自然ってつながっているんだなあ！……深いなあ！……」

★全体の感想出し

「ではここまでの石、土、草のMMを振り返って、気づきや感想をどうぞ」


「こんな風に考えたことなかったけど、考えるといっぱい気づくんだなあ」

「自然って、みんなつながっているんだなあ」

「それを邪魔しているのは、人間だけだなあ」

「人間ってひとくくりにしちゃダメだよ」

「自然の中で暮らしている人々は自然を破壊していないけど、不自然な暮らしをしている私たちはデストロイヤーだね」

★しめくくり

参加者はいっぱい発言して、いっぱい気づいたと思いますが、でも内心は、（で、結論は？）（で、これって何なの？）（これの意味や目的は？）

など、すっきりしない気持ちがあるかもしれません。

普通の会話は、「だからこうなんだ」というような結論を導きがちですから。

進行役は次のようにしめくくりましょう。


「これがMMです。これが、みんなで学ぶ、みんなに学ぶ、ということです。

MMには結論はありませんし、結論を出さなくていいのです。

人それぞれ、気づきや学びは違いますし、違っていていいのです」

笑顔で、このようにしめくくればいいのです。

でも次のようにすれば、もっといいかもしれません。

「では、MMについてMMをしてみましょう。

MMについて、感じたこと、気づいたこと、なんでもどうぞ」

これはとても素敵な気づきが始まるでしょう。

●MMをやってみよう

その2　身の回りのもの

★テーマ

「今回は、『身の回りのもの』にしてみましょう。洋服、食事、家具、自動車、本、家庭など何でもいいですよ」と問いかけて、参加者に選んでもらいましょう。

「では、『洋服』について、何でもどうぞ」

笑顔でゆったりと、意見が出るのを待ちましょう。

「ほとんど輸入だね。国産品でも、原料や加工は海外だね」

「綿も輸入、絹も輸入、毛皮も輸入、化学繊維も石油だから輸入だね」

「人間だけが服を着ているね！」

「人間は裸のサル。せっかく毛皮を脱いだのにね」

「ルーツはアフリカだから、暑いから毛皮を脱いだんだろうなあ」

「なのに、寒いところに移動したから、服を着るようになったんだろうなあ」

「寒いから家を作ったり、火を使ったりするようになったのかなあ」

「家を作ると、家具も必要になるね」「畑も必要だね」

「定住が、文明の始まりだと聞いたよ」

「定住が、不自然への第一歩だったんだね」

★交通整理

こういう場合、このままでもいいし、コメントを入れてもかまいません。

「みなさん、元のテーマの『洋服』に戻しましょう」

「私の子どもの頃は、洋服なんてめったに買ってもらえなかったなあ」

「洋服は、破れたら縫ってもらったし、ツギアテだらけだったよ」

「背が伸びてズボンが短くなれば、切って半ズボンにしてもらったよ」

「セーターも毛糸をほどいて、編み直してもらったよ」

「いまはかんたんに買って、かんたんに捨ててしまう」

「流行やファッションもあるから、つい買ってしまう」

「流行ってなんだろう」「要らないものを買わせる作戦だよ」

「それに乗らなくてもいいんだよ」

★感想出し

「洋服って人間だけ。不自然の第一歩だと気づいたよ」

「洋服も、最小限でいいんだよなあ」

「流行やファッションを追うのはやめようよ」

「着なくなった服は、人に譲ったり、リサイクルしなくちゃあね」

「それを職業にしている人は、どうすればいいだろう」

「より自然な職業にシフトすることも考えればいいね」

★テーマを変える

「身の回りのもので、次のテーマは何にしましょうか」

なんでもいいですが、例えば……

「では、携帯やスマホについて、何でもどうぞ」


「急な連絡には絶対便利！」「無いと不便！」

「持っていない人は変人だよ」「そんなことないよ～～」

「携帯とスマホ、どっちが多いかな」「スマホの方が多いと思う」

「スマホは検索やマップ、ナビ、ラインなどアプリが使えるからなぁ」

「新製品がどんどん出るから、古い機種がどんどん捨てられている」

「もったいないね」「でも、それがビジネスだよ」

「形は小さいけど、ビジネスは巨大なんだってね」

「自動車産業と同じくらいだったね」「まさか！」

「スマホで検索したら総額二十兆円だって」「おっ、スマホって便利だね！」

「携帯などで使われている金やレアメタルを都市鉱山と呼ぶんだけど、日本の

都市鉱山は世界の埋蔵量の一割以上だって」「すごい!」

「回収しているけど、業者が不正に輸出したり、中国が買い占めたり……」

「資源が枯渇したら、どうなるんだろう」

★感想出し

「便利なものには必ず、マイナス面も大きいんだね」

「便利だけど、ほどほどにしないとね」「大切に長く使うことだね」

「必要最小限が大事だね」「便利なものは、同じ結論になるなあ……」

★テーマを変える

「身の回りのものって、みんな同じ話になるし、疲れるなあ……」

「そこが問題なんだろうなあ……」

「身の回りのものを買うためのお金はどう?」

「では『お金』について、何でもどうぞ」

「ないと暮らせない」

「でも、本当に必要なのはお金じゃなくて、衣食住だよ」

「でも、それを買うためにお金がいるだろ？」

「田舎では食べ物を作れるけど、都会はお金がないと生きられない」

「お金の無い時代は物々交換だった」「物々交換の前は？」

「分け合っていたんじゃないかな」「縄文時代は大家族だったんだね」

「江戸時代の田舎や下町も大家族みたいなもんだよ」

「いや、日本でも、いまでも田舎はそんなところもあるよ」

「お金の社会は便利だけど、心が貧しくなったなあ」

「貧富の差が大きくなり、社会の矛盾やひずみが増えた」

★感想出し

「手段であったお金が、いつのまにか目的になってしまった」

「そこから、いろんな問題が出ている」

「経済格差とか環境破壊も」「貧困問題や紛争も」

「国家間の争いも戦争も」「トラブルや犯罪も」

「お金って、本当は無い方がいいんだね」

「お金はすぐには無くせないけど、お金に支配されない暮らしって可能だよ」

「家庭菜園とか、大家族的に暮らせるコミュニティを作るとか」

「それは楽しそうだから、また今後、そのテーマでMMをしようよ」

★まとめ

「では、今回のテーマ『身の回りのもの』を振り返ってみていかがでしたか」

「自然のテーマとはずいぶん感じが違ったね」

「便利のために作ったはずなのに、逆に自分たちが支配されているみたい」

「お金は道具。道具には使われたりしないで、使えばいいんだよ」

「道具は少ないほど工夫して使うようになるものだね」

「お金も道具。お金も貯めるものじゃなくて使うもの」

「ああ、そうかあ！　すっきりしてきたぞ！」

●MMをやってみよう

その3　考え方、感じ方

★テーマ

「今回は、便利とか不便、いい悪いなど価値観について考えてみましょう。まず、『便利』について、MMをしてみましょう」

「便利とは、無いと不便なもの」「楽ちんなこと」

「自分の手間や苦労を軽減すること」「家電、自動車、コンビニ、外食」

「便利って、いいことだけだろうか」「必ずマイナス面があるよ」

「製造の資源やエネルギーやコスト、使うエネルギーやコスト、廃棄するエネルギーやコスト」「トータルでは損か得か……」

「身体を使わなくなる」「頭を使わなくなる」「努力をしなくなる」

「慣れてしまって、もっと便利なものを求めるようになる」

「最近は電話番号も覚えていないから、携帯が壊れたり紛失したら大変！」

「携帯には、お財布携帯もあるから大変！」

「パソコンはもっと困る〜〜〜！」「そうそう！」（全員異口同音）

「結局、マイナス面の方が大きいんじゃない？」「そうだなあ！」

「マイナス面の方が大きい代表は原発！」「原発は最悪！」

「自動車も便利だけど、交通事故や死者を考えるとマイナスかも……」

「農薬は便利だけど、公害や健康などマイナス！」

★感想出し

「便利だけなんて無いんだなあ」「必ずマイナスがある」

「小さな便利には小さなリスク、大きな便利には大きなリスク」

「いまは便利でも将来は迷惑」「自分には便利だけど、将来はマイナス」

「便利というのは一面だけで、全体ではマイナスなんだ」

「便利って自己中心、便利ってわがまま、便利って迷惑なんだね」

★テーマを変える

「次は、『いい悪い』をテーマにしてみましょう」

「いい悪いって……ここまでのMMで、もうわからなくなってきた……」

「人助けはいいことだし、盗みとか、殺人は悪いことだろ」

「でも、なにが人助けか、長い目で見れば逆のことが多いよ」

「戦争で敵を殺すことも、死刑も殺人じゃないかなあ」

「いい悪いは、その状況しだいじゃないかなあ」

「時代によって違うよね」「国によっても違うよね」

「いい悪いなんて、結局、その時の都合じゃないかなあ」

「いい悪いを考える時は、何の都合を優先しているか見直した方がいいね」

★交通整理

「話を元に戻しましょう」

「自然界にいい悪いはあるかな」「どういう意味？」

「いいライオンとか、悪いライオンとか」「それはないね」

「いいカモシカとか、悪いカモシカは？」「それもないね」

「いい天気、悪い天気は？」「晴れはいい天気、雨は悪い天気」

「そうかな。田植えには雨がいい天気だし、収穫には晴れがいい天気だよ」

「じゃあ、いい悪いも、人間の発明、自分の都合なんだなあ」

★感想出し

「いい悪いも、便利快適と同じ、人間の発明」

「よく売る社員はいい社員、売れない社員は悪い社員、それは会社の都合だね」

「いい生徒、悪い生徒、それは学校や教師の都合だね」

「いい子、悪い子、それは親の都合だね」

「なあんだ。いい悪いって、都合だけだったんだ！」

「じゃあ、いい悪いでケンカするなんてバカみたい！」

「でも、ずっとそう信じてきたから、なかなか変えられないね」

「気づいたことだけでもすごくよかった」

「いい悪いで腹が立った時、自分の都合なんだってことを思い出せばいいよ」

★テーマを変える

「では、テーマを変えて、『きれい汚い』についてMMをしてみましょう」


「きれいな花、汚い花はある？」「それはないね」

「きれいな景色、汚い景色はある？」「それもないね」

「じゃあ、自然界にきれい汚いってある？」「うんちは？」

「排泄物も死骸も、自然界にはなくてはならないものなんだ」

「そうかあ・・・自然にはいい悪いも、きれい汚いもないんだなあ」

「きれい汚いも人間の発明かあ！」「自分たちの都合だよ」

★テーマを変える

「では、『おいしい、まずい』とか、『好き嫌い』について」

「同じものでも、空腹ならおいしいし、満腹ならおいしいと感じない」

「好きな人と一緒ならおいしいし、イヤな人と一緒ならおいしくない」

「なあんだ！　おいしいまずいも、その時の都合だなあ！」

「そもそも、好き嫌いも自分の都合だよね」

「う~ん、なんだか、これまでの価値観が崩れ始めたよ」

「便利快適も都合。いい悪いも都合、きれい汚いも都合、
おいしいまずいも、好きも嫌いも、みんな自分の都合かあ！」

「なんだか、足元があやしくなってきたよ」

★まとめ

「価値観についてのMMは、どうでしたか」


「いやあ、びっくり、ショックだよ」

「いい悪い、きれい汚い、好き嫌いは、すべて都合だったんだなあ」

「私たちの価値観って、すべて不自然な価値観だ」

「便利快適とか、もっと豊かにとか、人間は動物とは違うとか、人間は万物の霊長だとか」「そんなのみんな、思い込み、思いあがりだ！」

「進歩とか、発展とか、すべて不自然な社会の不自然な価値観なんだ！」

「このまま進めば？」「きっとおかしくなる！」「もうおかしくなってるよ！」

「じゃあ、どうすればいいんだ！」「どうすればいいと思う？」

「不自然なことは、できるところから改めないといけない！」

まとめ

★いかがでしたか

ここまで、三つのMMをやってきました。

最初は、石、草、土など自然の中のものをテーマにしました。自然の中のものは、大きな循環でつながっていることに気づきました。

二つ目は、洋服、携帯電話、お金など身近なものをテーマにしました。もとは生活の都合や便利のために作られたものですが、それによって大きな問題が生まれていることに気づきました。

最後は、便利快適、いい悪い、きれい汚いなどの価値観をテーマにしました。価値観はすべて、なにかの都合で作られたもので、それを追い求めると最後は破局に至ることにも気づきました。

実際にMMをやってみると、もっと気づくことがあり、もっと驚きがあるのではないでしょうか。ここまで書いたことは一つの例であり、途中経過です。

★MMって何のため

人によって感じ方は違うように、MMも答えは一つでは無いのです。MMをやっていると、多くのことに気づきます。例をあげると、
・当たり前だと思ってきたことが、当たり前でないと気づく
・自分が正しいと思ってきたことが、そうではないことに気づく
・「ねばならない」と思ってきたことが、そうではないと気づく
・その結果、囚われや縛りが外れ、視野が広がる
・囚われから解放される、問題が解決する、可能性が広がる
・目の前に立ちはだかっていた壁が壊れ、前が見える、希望が見える

★やってみましょう

MMはまず自分でやってみることです。

自分が気になっていること。例えば、太っている、背が低い、目が細い、お金がない、子育てに自信がない、などなど、何からでもいいのです。

例えば、「背が低い」ことについて。

「それがどうしたの?」「恥ずかしい」

「どうして?」「みんなに見下ろされる」

「みんな同じでないといけないの」「いや、そうじゃないけど」

「どうして、背が高い人、低い人がいると思う?」「DNAが違うから」

「なんでDNAが違うの?」「知らない」

「じゃあ、調べてみてごらん」

調べると、DNAは生存のための可能性を高めるために、わざとばらつき(多様性)を大きくしていることに気づくでしょう。

DNAのチャレンジは、決して間違っていないことにも気づくでしょう。

★一人MM

悩みを一人で考え込むと「堂々めぐり」になったり、「いっぱいいっぱい」になりますが、一人MMは、自分と「もう一人の自分」との対話なのです。

例えば、

「子育てには自信がない」「どうしてそう思うの」

「ちゃんと育たないかもしれないって心配なの」「どうしてそう思うの」

「育児の本で書いてあるのと違うのよ」「赤ちゃんはみんな同じ？」

「あっ！そうかあ！みんな同じでなくていいのかあ！」


まずは悩みを口に出すことで、楽になります。

それを聞いてもらえることでも、楽になります。

人の意見や違う考え方を知ることでも、楽になります。

それでも心配なら、専門家に相談すればいいですね。

MMをすれば、そういうことに気づくでしょう。

★**質問は愛のメッセージ**

これは、「二人MM」のちょっと素敵なお話です。

冬の駅で寒そうに寝ているホームレスを見て、子どもが母親に言いました。

「あの人寒そう。どうしてあんな所で寝てるの？」「どうしてかな」

「家が無いからかな」「そうかな」

「どうして家がないの？」「そうかもしれないね。どうしてかな」

「お金が無いからかな？」「そうかもしれないね」

「うちはどうして家があるの？」「どうしてかな」

「お父さんが会社に行ってるから？」「そうかな」

「じゃあ、あの人、どうして会社に行かないの？」「どうしてかな」

「あの人寒そう。何かしてあげたい」「どうしたらいいかなあ」

「うちの余っているフトンをあげたい」「いいよ、聞いておいで」

「聞いたら、ほしいって言ってた！　フトンを取りに帰ろう！」


このことで、子どもの人生が大きく変わるかもしれません。

もしも母親が「あれはホームレスよ。働かないであんな風にしているのはいけないことよ。あんな風になったらダメよ」と言ったなら、そのチャンスはなくなります。子どもの持っている無限の可能性の芽を摘んではいけません。

子どもは、自分で考え、自分で行動をすることで、自分の人生を切り開くのです。質問はとても大切です。気づくことへの大きなチャンスなのです。すぐに答えないで、「なぜそう思うの？」「なぜだと思う？」と投げかけて、子どもに考えるチャンス、気づくチャンスを作りましょう。

質問は愛のメッセージなのです。

★基本

・ＭＭは「みんなで学ぶ、みんなに学ぶ」
・テーマを決めて、ふつうに話すだけ
・学ぼうとする気持ちは大事ですから忘れないこと
・ＭＭには、結論や正解はありません
・参加している人が、それぞれ気づけばいいのです

★心がけること

・脱線したり、混乱したら早めに交通整理すること
・交通整理は「テーマに戻りましょう」だけでいい

・または「MMを続けましょう」と言いましょう
・ある程度意見が出れば、「感想を出し合いましょう」
・または「テーマを変えましょう」と言いましょう
・結論のようなものに導かないようにしましょう
・ただ、何かを決める場合には、
「では、このようにやっていきましょう」と言いましょう
・最後は「よかったね」「またやってみましょう」と言いましょう

あとがき

まずは、自分でやってみましょう。

コツがつかめたら、親しい人と二人でやってみましょう。

コツがつかめたら、親しい人と三人以上でやってみましょう。

ＭＭをうまくつかめば、あなたやあなたの周りが変化していくでしょう。


私も最初は一人で始めました。交通事故で寝たきりのベッドで、偶然見つけたのです。半年かかって要領がつかめました。

そのあとは周りの人たちとやってみて効果絶大でした。

私が常任指揮者をしていた合唱団（パナソニック合唱団）は全日本合唱コンクールで金賞をとり、私の電子ピアノ開発チームは社長賞をとりました。

その後、世界平和に関わりたくて、『地球村』を作ったのでした。

あ、話が脱線しました。

とにかく、ＭＭをお楽しみください。

困った時、悩んだ時、この冊子を読み返してください。
きっと、それを解決できるエネルギーが湧いてくるでしょう。
よろしければお友だちにプレゼントしてください。
きっと喜ばれますよ。

高木 善之（たかぎよしゆき）

大阪大学物理学科卒業、パナソニック在職中はフロン全廃、割り箸撤廃、環境憲章策定、森林保全など環境行政を推進。ピアノ、声楽、合唱指揮など音楽分野でも活躍。

1991年　環境と平和の国際団体『地球村』を設立。リオ地球サミット、欧州環境会議、沖縄サミット、ヨハネスブルグ環境サミットなどに参加。

著書は、『地球村とは』『幸せな生き方』『すてきな対話法 MM』『びっくり！よくわかる日本の選挙』『キューバの奇跡』『大震災と原発事故の真相』『ありがとう』『オーケストラ指揮法』『非対立の生きかた』など多数。

●『地球村』公式サイト
（高木善之ブログ・講演会スケジュール・受付など）
http://www.chikyumura.org/

●『地球村』通販サイト EcoShop
http://www.chikyumura.or.jp

メルマガ
“一日一善之”

お問合せ先：『地球村』出版（ネットワーク『地球村』事務局内）
〒530-0027 大阪市北区堂山町 1-5-301
tel:06-6311-0326　fax:06-6311-0321
http://www.chikyumura.org
Email:office@chikyumura.org